Pir

fait du snowboard

POCKET
jeunesse

Dans la même collection :

Pingu joue les casse-cou
Pingu et le lapin perdu
Pingu et le ballon de Pinga

Loi n° 49-956 du 16 juillet 1949
sur les publications destinées à la jeunesse : février 2005.

Titre original : *Pingu Snowboarder*
Scénario original de Bella Reekie

Une adaptation de Fanny Joly
d'après la série télévisée « Pingu »

www.pingu.com

ISBN : 2-266-14963-6

Suite au premier tirage : février 2005
Dépôt légal : février 2005
Imprimé en France par Pollina, 85400 Luçon - n° L96010C

Adaptation de Fanny Joly

Pingu™ fait du snowboard

Un beau matin, Robby le phoque sonne à la porte de Pingu :
– Salut, Pingu, tu viens faire du snowboard avec moi ?

– Super, j'arrive !
s'écrie Pingu en dansant !

– Soyez raisonnables
et prudents, les enfants,
recommande Maman.

– T'as vu ma nouvelle planche
avec un requin ?
dit Robby en se vantant.
Je vais foncer dix fois plus vite que toi
sur ta vieille planche
avec tes poissons super-moches !

Dès qu'ils arrivent
sur une pente,
Robby et Pingu font la course.
Qui gagne ?

Robby, bien sûr !
– Alors, Pingu-l'escargot ?
rigole Robby.

Pingu n'est pas content !

Tiens, voilà Pinguette,
la meilleure amie de Pingu.

Quel style ! Pinguette glisse
comme une championne...

Pinguette les amène
dans un coin formidable
pour faire des sauts !

– Ouh là là,
que c'est haut !
murmure Pingu.
Malgré sa peur,
il s'élance...

Aïe, ouille, aïe ! Pauvre Pingu !
Ça fait rudement mal
de tomber de si haut
sur les fesses !

– Attends, je vais te soigner,
j'ai ce qu'il faut
dans mon sac à dos !
dit Pinguette.
Elle lui met d'abord un pansement...

... puis un coussin spécial
pour adoucir les chocs.
Robby se tord de rire :
– Pingu-l'escargot
a bobo au cucul !

– Ne l'écoute pas, Pingu !
dit Pinguette.
Je vais t'apprendre
à sauter, moi !

Pingu tombe plusieurs fois.
Mais il ne pleure même pas.
Grâce à son coussin,
il n'a presque pas mal.

– C'est bien, Pingu ! dit Pinguette. On va prendre le remonte-pente pour sauter d'encore plus haut !

– Hou hou, Pingu-l'escargot !
recommence Robby
pendant que Pingu
remonte la pente.
– Fiche-moi la paix,
Rob'-le-microbe !
s'énerve Pingu.

Pinguette s'élance la première.
Pingu suit juste derrière.

Ma-gni-fi-que !

Robby crie :
– Regardez ! Mon saut à moi
sera plus beau
que vos deux sauts réunis !

Robby va décoller.
Les bras en l'air,
il essaie de ressembler
à un champion mais...

… la planche de Robby s'envole.
Le phoque s'emmêle les nageoires
et dégringole lourdement
sur la banquise glacée.
– Aïe, ouille, aïe !
J'ai trop mal aux fesses !
gémit-il.

Heureusement, Pinguette
a un deuxième coussin pour Robby.
Et même un troisième
(elle le met, on ne sait jamais)…
Cette fois, les amis
sont équipés comme de vrais
champions de snowboard !